C. BLONDEAUX

LES PARTIS
ET
LES CLASSES SOCIALES
EN FRANCE

UN FRANC

PARIS
GARNIER FRÈRES, LIBRAIRES-ÉDITEURS
6, RUE DES SAINTS-PÈRES, ET 215, PALAIS-ROYAL

1871

LES PARTIS

ET

LES CLASSES SOCIALES

EN FRANCE

En France, avant 1789, il y avait trois ordres : la noblesse, le clergé, le peuple ou tiers-état.

Tous ces gens-là étaient sujets du roi.

Le roi était l'incarnation de l'État.

Il n'y avait pas de citoyens.

La noblesse ne payait pas d'impôts, mais pouvait faire des cadeaux au roi; le clergé ne payait pas d'impôts, et recevait des cadeaux de tout le monde; le peuple payait tous les impôts, et ne recevait de cadeaux de personne.

Le roi, c'est-à-dire l'État, avait fait beaucoup de guerres, avait dépensé beaucoup d'argent. Un jour il fallut payer; la noblesse et le clergé ne se souciaient pas de payer, le peuple ne pouvait payer davantage.

On réunit tout le monde pour aviser.

De la délibération, et des mesures prises, il résulta que la noblesse et le clergé perdirent leurs priviléges, et tous les biens furent imposés.

Ce fut une révolution.

Quatre-vingts ans après, tous les éléments de la société française avaient eu leur tour de rôle ; tous successivement avaient dirigé les destinées communes de la patrie ; tous avaient mis en relief dans les faits leurs principes, leurs idées.

Qu'étaient tous ces éléments ?

Sans doute, il n'y a plus de castes chez nous ; mais la réalité nous oblige à reconnaître qu'il y a des classes sociales. Elles ne sont pas reconnues par la loi, elles ne sont pas nettement distinctes ; mais elles existent.

Placez-vous un moment dans un cénacle de vieilles familles nobles, comptant bon nombre de quartiers, vous aurez les opinions de la légitimité : roi absolu, religion d'État.

Pénétrez ensuite dans un cercle d'industriels, de commerçants, de banquiers, vous aurez les idées de la bourgeoisie : royauté constitutionnelle, instruction à prix d'argent, luttes pour le pouvoir et la richesse, et protection des intérêts.

Insinuez-vous dans un synode d'évêques, vous aurez des idées moyen âge : juridiction spéciale, biens de mainmorte ; affranchissement du pouvoir temporel ; domination de la société par l'Église.

Mettez le pied dans une réunion de prolétaires, ce sont toutes les passions humaines en jeu ; c'est la naïve critique et le dédain des vieilles institutions ; c'est le courage au travail et le mépris de la mort ; et, à l'encontre des classes anciennes qui regrettent le passé, c'est l'espoir dans un meilleur avenir, et une autre justice sociale.

Tout cela forme un monde, une société, où chacun a ses intérêts, ses préjugés, son éducation, ses aspirations. Chacune de ces fonctions, chacun de ces éléments de la nation pense et agit à part, en opposition ou en diversité. De là nos destinées changeantes, nos révolutions.

Je ne sème point la zizanie, je voudrais ne combattre personne que par la discussion et la persuasion, mais je suis obligé de constater le fait.

Les partis ne sont pas toujours très-distincts. Beaucoup de gens sont très-indifférents sur la forme politique, et souvent ce sont de fort honnêtes gens. D'autres, sans conviction, sont prêts pour tous les régimes, par égoïsme, indifférence ou paresse d'esprit.

Ce qui forme un parti, c'est un ensemble de doctrines, plus ou moins mûries, ayant été appliquées, ou applicables à la société. Je n'ai point pour but de rechercher les hautes raisons philosophiques dont les partis peuvent s'étayer. Je cherche à constater ce qu'ils sont actuellement.

§ 1er.

LE LÉGITIMISME.

A tout seigneur, tout honneur.

Le pouvoir vient de Dieu; si veut le roi, si veut la loi.

Longtemps la noblesse a eu son roi exilé. Il peut revenir sur le domaine de ses pères, mais en simple citoyen; il ne le veut, ce serait déroger. La noblesse, revenue avec Louis XVIII, a été obligée de tenir compte de la révolution accomplie, de composer avec les faits. Elle a pu recouvrer une partie de ses biens, elle a repris ses titres, mais n'a pu reprendre ses priviléges. Si elle daigne gouverner la société nouvelle, c'est à la condition de la diriger selon ses vues, et de rétablir, de l'ancien ordre de choses, tout ce qui peut être rétabli.

Quelques-uns, appuyés par le haut clergé, rêvent de restaurer la royauté absolue : ce serait, de leur part, une grande concession que d'accorder une représentation. Sous un prétexte économique, ils vont jusqu'à oser réclamer le droit d'aînesse. Il leur faut une religion d'État dont l'observance soit rigoureuse.

Les légitimistes constitutionnels veulent bien octroyer une charte et quelques garanties. Ils sont, dans l'ordre politique, ce que les néo-catholiques sont dans l'ordre religieux. C'est la fraction qui admet la compromission, et par là, jusqu'à un certain point, se rend possible.

Le parti légitimiste est fort peu nombreux ; il compense cette infériorité du nombre par la richesse, la position et l'instruction.

Riches du sol, n'aimant pas les grandes villes où ils sont perdus dans la foule, les anciens nobles habitent leurs domaines campagnards, et de là rayonnent sur les humbles villages.

Monsieur le comte fait du bien aux villageois ; il donne à l'église un tableau, une cloche, une garniture d'autel ; à la commune une pompe ; il fait réparer un chemin ; il soulage la misère d'un pauvre campagnard estropié ; il perçoit ses fermages.

Comment lui refuser sa voix lorsqu'il se présente pour être conseiller municipal, maire, conseiller général ou député? C'est un honnête et digne homme : ses actes le prouvent. Il apprend ainsi à connaître, à remuer les masses; il parcourt tous les échelons de l'administration, et, s'il est intelligent et instruit, ne peut moins faire que de se bien poser. Individuellement, c'est un homme irréprochable ; il a l'instruction, le bon ton, une juste influence ; il ne hante que les bonnes familles, reçoit monsieur le curé, quelquefois l'évêque.

Réunissez vingt, quarante de ces comtes et marquis, l'esprit qui en ressort devient autre. La corporation devient exclusive, est ennemie de toute émancipation. Vous voyez ressortir les préjugés de race, l'aspiration au retour de la légitimité, l'établissement d'une religion d'État, ou au moins la liberté de l'Église avec de bonnes dotations, et la permission, pour l'Église seule, d'instruire les ouailles de la paroisse.

Le paysan, ébloui, devant cet homme, par sa richesse, son instruction et quelques bienfaits, ne peut comprendre que cet homme met obstacle à son émancipation civile, sociale et politique. Il ne comprend pas que, ligué avec le prêtre, il rétrécit son instruction, empêche tout développement intellectuel, celui qui fait le véritable citoyen.

Le parti légitimiste ne désire nullement que la France se développe par le commerce et l'industrie. Ce n'est pas qu'il ne désire pas une France riche. Mais les populations industrielles sont trop rétives au pouvoir ; les ouvriers intelligents sentent trop bien qu'il y a entre eux une solidarité ; ils échappent ainsi à l'influence cléricale. Les légitimistes aiment mieux la France agricole. Le cultivateur, petit propriétaire, est âpre au gain, et plus individualiste : isolé, ignorant, il est accessible aux prédications du trône et de l'autel. Et si le malheur des temps et de la situation veut qu'il soit conservé une population industrielle, que celle-ci, du moins, soit matée par l'autre ; qu'elle soit dispersée, accablée de taxes et de besogne, pour ne point rêver à la liberté.

§ 2.

L'ULTRAMONTANISME.

Nous paraîtrons donner peut-être trop d'importance à la question religieuse. Mais qu'on ne s'y trompe pas. La religion est encore la pierre angulaire de l'édifice social, peut-être même plus fondamentale que le code civil, et, bien certainement, en désaccord avec ce code. Tant que nous n'aurons pas changé la forme ou la position de cette pierre angulaire, notre édifice social aura toujours un aspect vieux; il ne pourra s'accommoder avec nos idées et nos besoins de ce jour.

« Il vaut mieux obéir à Dieu qu'aux hommes. Le re- » présentant de Dieu sur la terre, c'est le pape. » Celui-ci sera obéi de préférence à un roi temporel.

Le clergé a son roi à Rome; par conséquent, il n'est pas national. C'est par un subterfuge politique, et une compromission de conscience, qu'il accepte son rôle dans notre société.

En effet, pour lui, la société actuelle, en le rejetant au second plan, en faisant de lui une classe de fonctionnaires spéciaux, le dégrade. S'il accepte ce supplice, ou cette tyrannie, ou cette situation anormale, au point de vue de la discipline ecclésiastique et des idées qu'elle représente, c'est à la condition, tacite, pour lui, de réagir mentalement contre cette situation. Tout ce que la société laïque donnera au clergé ne le satisfera jamais. Il faut que la société se donne tout entière, abdique en ses mains pouvoir, instruction, richesse. A cette seule condition, il se réconciliera. Seulement ce ne serait plus alors la société moderne, ce ne serait plus qu'une immense et universelle moinerie.

La religion n'est qu'une des faces de l'intelligence, de la compréhension humaine. C'est un ensemble plus ou moins logique de doctrines métaphysiques et morales. Sa réalisation par un culte et l'asservissement de l'intelligence à ce seul côté de l'esprit enlèvent toute possibilité de recherche, de progrès, de science. Le dogme catholique est exclusif et implacable; il broie tout ce qui ne concorde pas avec ses données. Ce dogme immobilise et la science marche : de là une lutte incessante entre l'Église et la société laïque.

Toute religion s'appuie sur un fait révélé, infirmant la puissance humaine. La philosophie dénie cette révélation et cette impuissance, d'où incompatibilité. Au premier abord, cela paraît une dispute sur une idée ; dans le fond, et par la conséquence, c'est la lutte de la liberté contre l'autorité.

Qu'il me plaise d'examiner les systèmes philosophiques de Platon, de Leibnitz, de Descartes, de Locke, et de les trouver faux, extravagants, ridicules même, ou de les louer outre mesure, on me laissera dire. Qu'il me plaise de faire la même opération intellectuelle sur les religions, on m'arrête tout court. Que toutes les cosmogonies soient mises en regard des faits géologiques, il y a un désaccord immense. Ce n'est que par un compromis tacite que l'on laisse le dogme et la science affirmer des choses diamétralement opposées. Seulement, on les laisse affirmer chacune à part. Nous ne pouvons, nous n'osons les contrôler l'une par l'autre. Pour la science, c'est une condition impossible. L'histoire de la terre, comme celle de l'humanité, sont impossibles avec l'entrave de l'Église.

Comme application pratique, comme règle sociale, l'Église offre le catéchisme. C'est le résumé de la science théologique, c'est le code de conduite sociale pour le chrétien.

Les premiers chapitres du catéchisme posent et résolvent avec une certitude absolue les plus difficiles problèmes de métaphysique transcendantale. Jamais enfant n'a pu les comprendre. Le reste est plus compréhensible, plus saisissable à l'intelligence, mais est en désaccord avec la réalité sociale. De là, une inapplicabilité qui irrite le pauvre desservant, et dont il n'a pas conscience. Les problèmes économiques et sociaux, les droits et devoirs civils et politiques sont complétement passés sous silence par l'Église. Aussi, l'Église fait des pénitents, des moines, elle ne fait pas de citoyens.

Toutes nos causes de recul, de réaction, sont dans le dogme religieux rivé à notre société, et imprégnant de son instruction spéciale, exclusive, nos intelligences enfantines.

Nous n'avons pas, d'une manière nette et complète, la liberté religieuse; nous n'avons pas non plus une religion d'État, absorbant tout le côté moral et intellectuel de la société. Notre situation, sous ce rapport, est moyenne. La souveraineté, le principe premier dont dépend le clergé, nous échappe; nous avons créé dans l'État un ordre dont le souverain est en dehors de l'État. Il doit être hostile ou rival. Par le concordat, le clergé est temporellement sous le pouvoir de l'État; il reçoit un salaire qu'il appelle indemnité, par dépit. Il doit rester neutre dans les querelles civiles et politiques ; il n'a pas non plus ses coudées franches, et s'en plaint. Aussi lorsqu'il s'agit des principes et des hommes qui lui rappellent ses beaux jours, son impatience se trahit. Il fait acte de partisan, malgré la loi temporelle qui le régit. C'est là sa pente ; c'est par là qu'il lutte contre la nouvelle société, ne pouvant se défendre des regrets du passé et de la haine du présent.

Les révolutions civiles diminuent son influence : pendant les tempêtes révolutionnaires il se tait, il se recueille ; puis, la paix faite, il reprend son œuvre. Le mot d'ordre est toujours invariable : éteindre les lumières, empêcher la liberté. Il a compris que, pour reprendre son pouvoir, il lui fallait refaire des générations à sa dévotion. Il s'est voué à l'éducation. Créer des maisons religieuses, sous prétexte de bonnes œuvres, instruction, missions étrangères, bienfaisance, service des hôpitaux, c'est le moyen. Sous le couvert de ces bonnes œuvres qui font taire la loi, l'Église régulière et séculière acquiert des richesses, refait les intelligences, et prend une prépondérance menaçante pour la nouvelle société.

§ 3.

LA BOURGEOISIE.

Chacun pour soi, chacun chez soi. — Formule individualiste. La bourgeoisie a brisé les classes anciennes pour redonner à chacun son indépendance individuelle. Cette liberté a-t-elle donné à la société et aux individus les mâles vertus? Je ne sais. Elle a fondé le règne de l'égoïsme et des convoitises. La dernière expression de cet ordre de choses a été prononcé : Enrichissez-vous. Ce fut le but, c'est encore le but.

La bourgeoisie est bien certainement la maîtresse actuelle de la société. Mais qu'est-ce que le bourgeois? Le bourgeois est celui qui possède l'instrument de travail, se trouve, par sa position, indépendant de tout patronage, et qui, au contraire, est patron, salarie des ouvriers et des domestiques.

Le petit industriel qui fait tout par lui-même, et le petit cultivateur qui soigne son champ avec sa famille, tiennent le milieu entre le prolétaire et le bourgeois.

La bourgeoisie n'est pas une classe limitée, ayant prérogative; elle est accessible, elle ouvre ses portes à tout nouveau venu. Elle n'a pas de préjugés de race; elle sait avoir l'équité en temps opportun. Mobile, instable, chez elle les positions sont changeantes : les revers de fortune rejettent dans le prolétariat des familles naguère riches. Exclusive à ses affaires, laborieuse, intelligente dans le commerce et l'industrie, âpre au gain, elle vise à la réalisation de la richesse.

Sous l'ancien régime, la bourgeoisie des villes exerçait le commerce et l'industrie; elle avait des droits en dehors des servitudes seigneuriales et ecclésiastiques. Elle remplissait les emplois administratifs et judiciaires. Elle avait déjà la richesse, et par quelques-uns des siens avait exercé le pouvoir. Lorsqu'elle fit sa révolution, rayant par une loi les priviléges de la noblesse et du clergé, elle dut lutter pour conserver ses droits acquis ou conquis. Pendant cette lutte terrible, elle perdit un moment le sens de sa révolution. Affaiblie par cette lutte même, la nation, en proie à toutes les dissensions, laissa faire le 18 brumaire. Le clergé et la noblesse purent revenir, dans d'autres conditions, il est vrai, mais enfin purent revenir. Pour ces expropriés, c'était déjà quelque chose de remettre les pieds sur leurs domaines, et de pouvoir partager avec la bourgeoisie. Celle-ci, en vertu de son antique éducation catholique, et de son ancienne déférence pour la noblesse, accepta le retour des émigrés. Elle ne comprit pas qu'elle admettait des rivaux. D'un autre côté, il lui sembla qu'elle en avait besoin pour lutter contre les revendications populaires. Elle se trouva ainsi tiraillée en sens contraire, inclinant vers le passé et l'autorité, ou vers l'avenir et la liberté.

Sous le premier Empire, la bourgeoisie compléta son code civil, et régularisa ses nouveaux titres de propriété. La Restauration n'osa pas revenir sur l'immense confiscation, et consacra la propriété dans les mains des détenteurs. Aussi, la bourgeoisie, un peu à regret, vota l'indemnité des émigrés. Ce fut comme un accord.

La paix fut apparente. Bientôt la noblesse tenta d'étouffer la bourgeoisie. Celle-ci fit 1830. Sous la monarchie constitutionnelle, la bourgeoisie consolida sa position d'une manière définitive.

Quelle est cette position?

C'est la possession des valeurs mobilières et immobilières; c'est la protection de l'industrie nationale par les tarifs douaniers; c'est l'exploitation du prolétariat non associé; c'est la vénalité des charges ministérielles; c'est l'accessibilité à tous les emplois, à condition d'instruction; c'est l'instruction possible pour ceux seulement qui possèdent ou qui peuvent payer; ce sont des limites à la liberté de la presse par le cautionnement et le timbre; c'est le monopole par l'association des capitaux; c'est la spéculation et l'agiotage sur les valeurs mobilières; c'est le pays légal muré par le cens, le reste de la nation formant la masse contribuable non consultée.

Industrie, commerce, pouvoir, justice, chemins de fer, canaux, navigation, la bourgeoisie, par individus ou par groupes, possède tout, gouverne tout. Le peuple n'est plus que son domestique, payé à l'heure ou aux pièces, c'est le servant et l'annexe de la machine, ou un commis aux écritures. Le travail est spécialisé pour produire vite et plus; l'ouvrier s'abrutit; qu'importe? le maître s'enrichit, voilà le but.

Tel se développe et se constitue le côté économique de la bourgeoisie.

Il faut à la bourgeoisie un gouvernement constitutionnel, république ou monarchie. Ces deux modes ont leurs partisans. L'essentiel, c'est qu'il y ait protection efficace des intérêts, et pour les masses, de vaporeuses espérances d'amélioration. La république, avec des institutions libérales, satisfait en partie le peuple; celui-ci voit dans le maintien du régime républicain un avenir pour ses espérances. Une monarchie constitutionnelle, aussi libérale qu'elle soit, sera toujours une monarchie, prenant, plus tôt, plus tard, un caractère personnel, et finissant, en fin de compte, par se refuser aux réformes.

La bourgeoisie n'a pas l'esprit guerrier. Elle préfère la paix à tout prix, estimant qu'une guerre heureuse est toujours coûteuse. Elle a considéré le métier des armes comme un pis-aller pour ses enfants les moins laborieux ou les plus aventureux. Aussi, dans cet ordre d'idées, elle n'a su rien innover. Elle s'est laissé distancer par les gouvernements despotiques, soucieux de réaliser les rêves de leur ambition.

La conscription et les opérations de recrutement prélèvent le quart ou le tiers du contingent pour l'armée. L'état-major, le corps d'officiers sont fournis par les écoles spéciales : pour ceux-ci, c'est une carrière où ils recherchent les loisirs et les honneurs; pour les soldats, c'est une corvée. Tout ce qui a un écu disponible évite la besogne. Le fond reste formé par de pauvres diables et des mercenaires; le niveau intellectuel est au bas de l'échelle. Dans cette armée, moitié gendarme, moitié guerrière, il y a le mépris de la vie civile et laborieuse, un peu de chauvinisme, peu d'instruction, peu d'esprit national, pas de sens politique; il y a la bravoure afférente à la race gauloise.

Peu désirent la guerre, tous recherchent les honneurs et les grades. Les meilleurs, les plus désintéressés restent dans la partie combattante; les plus bourgeois de caractère, les plus positifs recherchent l'administration et l'intendance.

La France nouvelle n'était plus guerrière. Est-ce un reproche à lui faire? Non. Cela prouve en faveur de ses idées de civilisation. Presque tous nous avons cru que la facilité et le nombre des relations internationales, l'entrecroisement des intérêts, les idées de fraternité des peuples, avaient clos la période des grandes guerres.

Il faut bien reconnaître notre erreur.

La guerre de Prusse nous a causé d'incalculables désastres, mais nous a donné de bonnes leçons. Nous aura-t-elle débarrassés du césarisme? c'est déjà quelque chose. En tout cas, elle nous a appris qu'il n'y avait pas de fraternité possible entre les peuples; tout au plus, s'il peut y avoir de bons rapports. Le germanisme qui nous pénétrait, proclamait chez nous la fraternité universelle, et, sous ce couvert, nous espionnait. Pendant ce temps, les frères d'outre-Rhin prêchaient la guerre sainte, la vengeance contre la France. Dans toute réunion, banquets, noces, fêtes, un moment les assistants interrompaient leurs jeux ou danses, un Pierre l'Ermite montait sur un tréteau, ou sur la table, déclamait contre la France, soufflant la haine et la vengeance, et annonçant la destruction de la nouvelle Babylone, la punition de cette race maudite. Est-ce là le fruit pratique de l'érudition et de la philosophie?.... Gravons fortement dans nos cœurs le souvenir de cette incomparable hypocrisie.

L'obéissance est le premier devoir du soldat; la prévoyance est le premier devoir des chefs. L'obéissance, chez le soldat, suppose la discipline, et assez d'instruction pour connaître et apprécier ses devoirs. La prévoyance, chez les chefs, c'est la science de la guerre, théorique et pratique, et le devoir de surveiller le bien-être du soldat ; c'est aussi la préparation de la guerre.

Le peuple a toujours été chair à canon. Sous l'ancien régime, la noblesse seule formait le cadre d'officiers. Depuis la révolution, l'armée est devenue démocratique. La grande période guerrière terminée, les grades sont devenus le point de mire de la bourgeoisie instruite, et de l'ancienne noblesse pour qui le travail c'était déroger. Le peuple avait appris sa force; il en résulta que la bourgeoisie eut à sauvegarder contre lui, sinon ses priviléges, du moins ses richesses. L'armée, instrument passif, fut surtout l'aide de la police à l'intérieur. Composée de jeunes gens pauvres, désignés par le sort, de remplaçants et mercenaires, et de vieux porteurs de chevrons, tous réunis quelque temps pour faire leur service ou s'ennuyer, elle resta d'une intelligence à peu près nulle. L'état-major et le cadre, sortis des écoles, eurent seuls de l'instruction. Encore trop souvent l'avancement fut donné au choix ou à la faveur, ce qui dispensait du savoir, ou à l'ancienneté, ce qui indiquait l'absence du savoir.

L'esprit qui animait ce groupe fut celui de la conservation de ses priviléges, de ses grades, de sa juridiction spéciale. L'armée bourgeoise, sauvegarde de l'ordre, eut pour mobile l'acquisition, la compétition des grades. Peu à peu, elle cessa d'être nationale, dédaignant tout ce qui ne portait pas l'uniforme. Les officiers, élevés d'une manière spéciale, ne comprirent plus la nation pour laquelle ils étaient en fonction. L'esprit de l'armée fut autre que celui de la nation. Le soldat, obéissant à ses chefs, combat l'insurrection, et, dix ans plus tard, il fait partie de l'insurrection. Il y a dans ce fait un double enseignement ; ou l'armée ne sait inspirer l'amour, le respect durable du drapeau, ou elle ne remplit qu'incomplétement son devoir, son but de gardienne de la nation. En effet, instrument dans les mains du roi, de l'empereur, ou de l'ambitieux, elle fait les coups d'État contre la loi, ou soutient la loi, avec la même indifférence. Ainsi faite moralement, elle cesse d'être nationale, pour devenir prétorienne. Ce qu'il y eut encore d'heureux, jusqu'à ce jour, c'est qu'en un bloc, réunie dans la même main, elle ne se divisa point. Au spectacle des luttes et compétitions des partis monarchiques, lorsque l'existence du pouvoir central est à la merci d'un général audacieux, pourra-t-elle arriver à se diviser?

Quoi qu'il en soit, l'armée démocratique de la première révolution a eu ses brillants faits d'armes ; cette même armée, devenue plus bourgeoise par le sommet, a eu encore de beaux jours. Mais déshonorée pour avoir prêté la main au renversement de la loi, elle aboutit à trois grandes défaites, Sedan, Metz, Paris. Malgré la bravoure de beaucoup, ce fut le défaut d'intelligence de la guerre moderne, l'incurie de l'administration, l'imprévoyance, pour ne pas dire plus, qui l'ont amenée, comme armée bourgeoise et césarienne, à ces trois grands échecs, le pendant de Poitiers, Crécy, Azincourt. Le peuple a pensé qu'il était trahi : bonapartistes et royalistes savent à quoi s'en tenir sur le grand fait qui nous intéresse tous; ils n'osent parler.

ou plutôt, ils aiment mieux nous représenter comme vaincus par une sorte de fatalité, que victimes de l'ineptie et de l'incapacité des chefs. Le peuple ne les croit pas. Pour lui, l'homme de Sedan, vaincu par son ineptie, a donné le mot d'ordre, et de Metz à Paris, toute la stratégie a consisté à nous lasser, à nous faire échouer en détail, jusqu'au jour de la honte. Ceux qui voulaient combattre et résister, n'ont pu comprendre encore le mobile des honteuses capitulations : c'était la vengeance césarienne.

Être soldat n'est pas une profession, pas plus que pour le citoyen, être juré, conseiller municipal, ne constitue une profession. C'est momentanément une fonction éligible ou exigible ; c'est un devoir de citoyen après l'accomplissement duquel on retourne à son travail d'homme.

Je laisse aux spécialistes le soin d'indiquer les réformes à faire dans l'armée. Je ne fais que toucher le côté moral des armées permanentes.

Un des rêves de la bourgeoisie a été de vouloir constituer un gouvernement politique à l'instar de l'Angleterre. Ce fut une grande méprise, à peu près possible avec une royauté constitutionnelle. Sous le mirage trompeur de la pondération des pouvoirs, l'Angleterre est constituée féodalement. Le sol appartient à trente ou quarante mille familles. Le besoin de suppléer à la pauvreté du sol a amené une immense industrie; le besoin de lui créer des débouchés a produit une immense extension des colonies et de la marine : le besoin de caser les cadets de famille a créé des places richement dotées. Le caractère positif de la nation lui a fait rechercher la richesse mobilière, exclue qu'elle était de la richesse immobilière. L'aristocratie anglaise a jeté tout son peuple à la mer, et lui a dit : « Enrichis-toi, voici des colonies, des biens, va, marche, je te protégerai partout d'une manière efficace, quelquefois d'une manière roide. Je fonderai des colonies pour les condamnés, pour les gens honnêtes ; je t'aiderai à rançonner, à exploiter tous les peuples; j'aurai des places à donner à tous les ambitieux ; j'ouvrirai même quelquefois mes rangs à ceux qui se distingueront le plus, lorsqu'un vide s'y sera fait par la mort. »

Quelle différence avec notre société égalitaire !

La royauté, puis la république constitutionnelle essayées, restait à la bourgeoisie, effrayée du progrès des idées républicaines, une autre forme gouvernementale, un pouvoir césarien. Au lendemain du 2 décembre, la bourgeoisie crut avoir trouvé son homme. En cela, elle s'appuyait sur une légende guerrière, et glorieuse aux yeux du peuple. Elle sacrifia quelques velléités de liberté à l'ordre, estimant plus la richesse que la liberté. Elle pensait fonder sa dynastie sur un souvenir de gloire. Elle ne savait pas que toute dynastie d'aventure commence par un grand homme et finit par un crétin. Chez nous, comme dans la Rome ancienne, le césarisme s'est implanté sur la désunion sociale. Il n'est pas un principe, mais un fait, une situation. Il s'est appuyé sur le sabre et la police ; il a groupé autour de lui tous les aventuriers militaires, financiers, diplomatiques. Il a de plus inventé chez nous la haine de la province contre la capitale, et la haine des campagnes contre les villes. Dupes de cette méprise, nos représentants demandent la déchéance de Paris.

Le césarisme ne peut régner que sur une démocratie

corrompue, sur une classe moyenne affaiblie. Avec l'aide de son groupe dévoué, assemblage de toutes les cupidités et bassesses, il veut que chacun se désintéresse de la chose publique. N'avons-nous pas vu des magistrats faire des reproches aux citoyens de s'occuper de politique? Soumettez-vous, laissez-vous mener, payez des impôts, laissez-nous faire nos folies, vous exploiter, vous abêtir, c'est tout ce que nous vous demandons, ô citoyens ! Et le peuple français en était arrivé là!... Il devint plus riche, mais aussi comme il perdit tout courage civil et autre, toute dignité, tout amour de la patrie! Il lui fallut un désastre, une honte sans pareille pour le réveiller.

Passons l'éponge sur toutes ces tristesses.

§ 4.

LE PEUPLE

Il faut que tout le monde vive.
(Devise populaire.)

Dans les campagnes, le paysan a pour objectif la petite propriété. C'est là sa moralité, son indépendance, son bien-être. Il n'a pas d'instruction, il n'a pas le sens politique.

Dans les villes, l'ouvrier a pour objectif l'acquisition de l'outil ou de l'atelier. Il peut se méprendre, pour l'acquisition, sur les voies et moyens. Son instruction est incomplète et fausse.

Le paysan n'est ni monarchique ni républicain. Il est pour le gouvernement qui lui donne le plus de tranquillité, le plus de sécurité, qui lui permettra de vendre le mieux ses produits.

Le prolétaire industriel, même dans les temps de paix et de prospérité, n'a pas de lendemain assuré. C'est la cause de ses souffrances et de ses révoltes.

C'est le côté économique que nous examinerons dans un instant.

Le suffrage universel est de droit : c'est le côté politique résolu. Que nous a-t-il donné ? Des mécomptes. Pourquoi ? A cause de l'ignorance. Nous sommes entre deux écueils : une démocratie césarienne, corruptrice, imposant par un maître une universelle égalité, faisant de tous les emplois une domesticité ; et une démagogie populaire, régnant dans l'anarchie, dans l'instabilité, et dans le gaspillage, attribuant à chacun simultanément toutes les fonctions sociales.

Le suffrage universel ne peut enchaîner l'avenir : il n'est compatible qu'avec une république. Là, le pouvoir ne peut être que temporairement dans les mains des élus. Chacun y arrive avec un bagage tout fait, une idée à implanter, une réforme à faire. Cette œuvre faite, le temps du pouvoir expiré, le mandataire fait place à d'autres qui ont une nouvelle besogne à accomplir. Il s'établit ainsi, pour le bien de tous et par l'émulation, un roulement de personnes dans la possession du pouvoir.

Il ne paraît pas loisible maintenant de critiquer l'établissement du suffrage universel. Pourtant, les millions d'électeurs qui ne savent ni lire ni écrire, et n'ont pas la moindre notion politique, ont voix au chapitre pour décider de tout. Ceux qui savent à peine, et ont l'esprit faussé par des lambeaux d'idée ou de science, décident aussi. Qu'est-il résulté de cela? L'ignorance du peuple nous a donné en haut l'homme de Sedan, c'est-à-dire la corruption, le désastre et la honte; l'ignorance du peuple nous a donné en bas la Commune de Paris, c'est-à-dire la guerre civile, l'incendie et la vengeance.

Vous, messieurs les pasteurs des peuples, quand instruirez-vous donc ces masses qui ébranlent votre civilisation, et détruisent vos richesses?

Être citoyen libre, c'est beau ; être citoyen libre et digne, serait préférable. Sans doute il faut des libertés; mais ce ne sont pas seulement des libertés qu'il faut au peuple, ce sont surtout de bonnes institutions. La liberté est le moyen, la dignité humaine est le but.

Venons au côté économique.

Le campagnard ne comprend rien aux grèves, révoltes et révolutions des ouvriers des villes et des manufactures. Pour lui, il peut acquérir son instrument de travail, la propriété. Loin du luxe et des plaisirs, il est sobre par situation, économe, prévoyant, n'ayant pas d'occasion de dépense. Les révolutions des villes l'émeuvent : elles lui enlèvent un moment le bon écoulement de ses produits, ou en font baisser le prix. Alors, il hait la ville. Du reste, petit hobereau et curé lui prêchent la haine de ces antres du vice. Nous espérons qu'il changera.

L'ouvrier des villes a les défauts, les vices de la civilisation, il n'en a pas les qualités; il est mal instruit. Son labeur est pénible et ne laisse pas de répit. Le gain est petit, la dépense est forte : rarement il y a équilibre entre les deux. Il est instable pour l'atelier, imprévoyant pour lui et sa famille. A part un petit nombre d'exceptions, tout chômage le prend au dépourvu.

C'est la position de l'ouvrier des villes et des manufactures qui fait aujourd'hui la grande question de notre société. C'est le problème à résoudre.

L'individualisme, type de notre société actuelle, a trouvé sa satisfaction dans les campagnes par l'acquisition de la propriété. Cette même satisfaction de l'individualisme crée dans les villes et fabriques un problème plus compliqué.

La nécessité pour l'industrie d'opérer en grand, d'installer des fabriques toutes spéciales; la nécessité, pour la société, d'édifier certains monopoles, comme éclairage au gaz, postes, voies ferrées, canaux, etc., donne des classes toutes spéciales de travailleurs.

L'individu, isolé, qui concourt par son œuvre spéciale, par un service spécial, à l'exercice et à l'action de ces grandes institutions qui fonctionnent avec unité et épargne, et pour l'avantage de tous, n'a plus son libre arbitre, sa personnalité satisfaite comme le propriétaire d'un champ. Il est solidaire d'un autre employé, d'un autre ouvrier, il ne peut travailler isolément; il est l'esclave de la fonction, de l'outil, de la machine ; il ne s'appartient plus. Il peut changer d'atelier, il ne peut changer sa fonction. En dehors de là, il est nul.

Dans l'industrie, monopolisée, ou individuelle et libre, la petite propriété souvent est impossible. Il faut donc à l'ouvrier la stabilité et l'assurance de l'avenir. La caisse de retraite pour la vieillesse, les caisses d'épargne ont été faites dans ce but. Mais tout cela est mesquin en comparaison des vrais besoins.

Le prolétariat, fils du servage, a cela de pénible, qu'il fait vivre au jour le jour ; l'ouvrier naît prolétaire, meurt prolétaire. Pourtant, il crée la richesse, il la voit dans autrui.

Depuis quarante ans se pose ce problème de l'accord du capital et du prolétariat, de l'indépendance du travailleur avec la nécessité de l'industrie.

Le prolétariat a cherché à s'émanciper par l'association, elle a été entravée. Il a réclamé l'instruction primaire, gratuite, obligatoire, on lui a refusé. Si, sous ces rapports, quelque chose a été fait, c'est avec parcimonie et de mauvaise grâce. Le problème n'a pas été résolu.

Les divers socialismes sont la forme dogmatique des revendications. Ils ont le tort, dans leurs formules, de ne pas tenir assez compte des réalités. Notre société est vieille ; elle a des traditions, une histoire, une moralité à elle, des institutions consacrées par le temps, et formant le fond de nos habitudes. Briser tout cela d'un coup pour nous refaire est impossible. Les changements ne peuvent être que successifs : il faut y apporter des tempéraments.

Pour lutter contre le mauvais vouloir du capital, contre l'asservissement renfoncé du gendarme, contre l'abrutissement entretenu par le clergé, contre tous les pouvoirs coalisés promettant et ne faisant rien, devant la pauvreté pour toute perspective, le prolétariat a cherché une force nouvelle à ses revendications, ou une arme plus puissante pour la lutte.

Auparavant, quelle est, dans cette recherche, sa situation morale ?

L'instruction du prolétaire est nulle pour le guider dans la voie sociale. Le livre, il n'a pas le temps de le lire ; il ne peut l'acheter. Il lui reste le journal.

La presse quotidienne est comme le feu : elle éclaire, elle purifie, elle détruit. La polémique au jour le jour agite toutes les questions, n'en approfondit aucune. C'est le miroir des partis. Les instruits comprennent la portée d'un article de fond ; les ignorants ne perçoivent que la portée d'actualité, et non la liaison dans l'ordre des faits et des idées. L'ouvrier ne peut distinguer l'excès dans l'expression de la pensée. Fatigué de son travail, sans jouissance, et devant le spectacle du luxe qu'il produit, et dont il ne profite pas, il se prend de haine contre ceux qui l'exploitent. Il est en révolte morale contre la société, avant de l'être en fait.

Toutes les tentatives faites par les prolétaires pour sortir de leur situation, tout l'aide qui leur a été donné plus ou moins intelligemment, tout cela n'a pas abouti.

A mesure que l'industrie se développe, à mesure que le travail se spécialise, l'abîme va se creusant. De moins en moins, l'ouvrier voit luire le jour où il acquerra son indépendance avec la possession de l'outil.

Comme répression à ses aspirations, qu'a-t-on édifié? On lui a prêché la morale religieuse : la résignation ne lui sied pas. On a fait des institutions de charité et de bienfaisance; il s'est senti offensé. Il a pensé ou jugé que cela était créé par l'égoïsme pour se dissimuler la vue de la misère; il a mis au même rang les hospices, les maisons de refuge, les asiles. Il a créé lui-même des sociétés de secours mutuels pour se soulager dans les jours de détresse. Tout cela, c'est une goutte d'eau pour la soif de Lazare : tout cela ne suffit pas pour résoudre ces terribles questions de la faim, de la liberté, de la dignité individuelle.

Nombre d'ouvriers (si ce ne sont les meilleurs, ce sont du moins les plus intelligents) ont senti que les réclamations isolées n'avaient pas de valeur. Ceux-là ont compris que leur véritable levier était la *solidarité*.

Les premières associations ont assez mal réussi. Cela provient-il de la forme non encore trouvée, ou de la formule mal déterminée du problème, ou de l'influence du milieu hostile ou indifférent où elles se sont produites? D'autres, devant l'immensité et la complexité du problème, ont cherché une base d'action plus large ou plus commode. Faisant de la société deux groupes, les exploiteurs, qui jouissent de la richesse créée, et les exploités, qui produisent et ne jouissent pas, le problème a consisté pour eux à faire la substitution. C'est la raison économique de l'Association internationale des travailleurs.

Le programme apparent est moins subversif, mais le fond, le but reste ainsi.

Améliorer le sort du prolétaire par un travail mieux rémunéré, assurer son avenir par des sociétés de prévoyance, créer sa dignité par la moralisation et l'instruction, assurer le succès des grèves, tout cela parut bon, ne fut point répudié, mais tout cela paraît trop lent.

Il faut à cet immense groupe, sinon la vengeance, du moins une autre justice distributive.

Cette forme de revendication brutale est-elle dans la vérité, dans la raison, dans l'équité sociale? Pour l'intelligence la plus impartiale, la plus ouverte, la plus dégagée des préjugés, elle offre de prime abord une incommensurable anarchie. Elle brise toute tradition, toute forme sociale et nationale. Est-ce un mal? Les classes dominantes et propriétaires sont la résultante encore palpable de toutes les sociétés qui nous ont précédés. Indépendamment du pouvoir et de la richesse, elles détiennent tout le patrimoine intellectuel et artistique de l'humanité; elles s'efforcent de le garder. Ne vaudrait-il pas mieux composer, accorder quelque chose plutôt que de courir le risque de la spoliation par un assaut universel? Et, dans cette lutte, que de choses détruites! Les révolutions, les transformations ne s'opèrent pas par un acte subit. Elles se forment dans les esprits, elles entrent dans les consciences, puis se réalisent. Les prolétaires n'ont pas montré encore leur aptitude à gouverner, à changer sans détruire. Leur éducation n'est pas faite. Que les classes aisées les instruisent, et leur montrent du bon vouloir. La richesse sera le partage de tous, autrement ce serait la détresse universelle.

La Société internationale, jusqu'à ces derniers temps, n'existait qu'à l'état de projet, de vaste conspiration pour faire passer la richesse des mains des exploiteurs dans les mains des travailleurs. Elle a eu, pour se révéler, une occasion unique.

C'est une histoire du jour, dont nous ne possédons pas toutes les données. Et même, dans cette hypothèse, pourrions-nous dire toutes les vérités?

Je n'examinerai pas toutes les causes politiques qui ont amené la création de la Commune de Paris, et sa situation exceptionnelle.

La population de Paris, irritée des souffrances d'un long siége inutile, croyant, à tort ou à raison, avoir été trahie par les chefs de la soi-disant Défense nationale; puis la suspicion de l'Assemblée à l'égard de cette population; son refus de venir à Paris; le refus de déclarer la République, forme gouvernementale qui ouvrait l'espérance à toutes les réformes désirées; le soupçon qu'avait cette population que les partis monarchiques voulaient et désiraient l'éreintement général du parti démocratique; puis, la misère présente, la possession d'un armement unique, d'une place forte immense, ayant toutes les ressources, malgré la désorganisation préalable et préméditée de tous les services publics : tout cela a été l'appoint et l'appui des meneurs.

Le mouvement commencé, il n'y a plus eu possibilité de recul. Tout était compromis; tous étaient compromis.

Sans doute, il fallait une grande répression. Cette nécessité satisfaite, ne faut-il pas prévenir le retour d'un semblable malheur? Autrement, chaque génération cherchera sa vengeance.

L'Internationale était-elle seule dans cette vaste insurrection? Les enquêtes officielles pourraient nous le dire, mais elles se tairont. Nous trouvons des éléments de vérité dans les rumeurs populaires, traduction des mots d'ordre des meneurs.

Aux passions enivrées dans un moment de succès, joignez quelques conspirateurs étrangers, excités ou soldés, vous aurez des éléments pour juger cette absence d'un programme unique, ou cette multiplicité de programmes tronqués, ébauchés; puis, cette suspicion mutuelle, l'incohérence ou le désordre des mesures prises. La Commune, comme elle fut comprise par ses fondateurs, n'était qu'une déception pour la partie de la population et de la garde nationale qui avait des convictions libérales et de la probité politique. Pour les meneurs, c'était un moyen de retenir les simples et d'en faire des instruments. Sous ce couvert, et tout en s'espionnant, chacun avait son but. Les tiraillements, le défaut d'ordre dans les discussions, paralysaient la puissance de l'assemblée. Des menées césariennes et étrangères recherchaient là, les unes la vengeance, les autres notre ruine.

Une fraction de l'Internationale de Londres a voulu justifier les incendies de Paris, revendiquant sa part de solidarité dans ce vandalisme. Est-ce une menace, un avertissement, ou une dérision de nos ennemis?

Cependant rien n'a pu indiquer, dans le commencement de l'existence de la Commune, et surtout de la part de l'élément français, qu'il y ait eu parti pris de la destruction de Paris. Exaspérés par la défaite, désespérés, sentant toute réconciliation impossible, ils ont voulu se venger, tout effondrer sous eux.

Voilà où nous ont conduits, eu égard à la population et à la garde nationale de Paris, de bonnes dispositions paralysées, et un courage non employé par les chefs militaires.

Saint Trochu ! vous qui avez préféré pour cette population la mort par la faim à la mort par le plomb des Prussiens, contemplez et réfléchissez. Tous ces courages, deuil de la patrie déchirée, que n'eussent-ils pas fait devant l'ennemi commun ? Les veuves, les orphelins oseraient dire où sont les restes de leurs maris, de leurs pères. Aujourd'hui, ils se résignent, et vous maudissent.

La Société internationale des travailleurs est le porte-voix du prolétariat européen. La solidarité qui relie ses membres leur donnera une grande force. Les gouvernements doivent aviser, et tenir compte des réclamations justes. Le danger est plus grand, plus immédiat que l'on ne pense. Si l'on ne veut employer que la répression et la compression, on ne récoltera que la vengeance. Les échecs mêmes amèneront plus de discipline, et en quelques jours tout le capital mobilier de l'Europe peut être bouleversé, sinon détruit. De ce cataclysme que sortirait-il ? La lutte entre le nombre, la force et la ruse. Tout ce qui a servi à l'édification de notre société, tout ce qui sert à la conserver, pourrait être brisé. Quelle serait la transformation ? Pendant ce chaos, ce travail, ne serons-nous pas les victimes du césarisme autoritaire, féodal et théocratique de l'Allemagne et de la Russie? L'avenir de la civilisation occidentale, des races latines, est en jeu, en péril. Pendant ce temps, l'Église catholique, symbole de notre vieil édifice social, ne rêve que restauration de ses priviléges, s'immobilise de plus en plus dans son dogme; la noblesse de race de notre vieille France songe à une restauration impossible; la bourgeoisie se cramponne à son coffre-fort; le césarisme démagogique espère revenir, s'appuyant sur les discordes et la corruption de tous; et nul ne songe à l'effondrement de la France.

Roi, ou empereur, quel que soit le revenant, c'est, quelques années après, une nouvelle révolution.

Convenons qu'il faut au peuple français une forte dose de patience pour supporter toutes ces palinodies, toutes ces extravagances, toutes ces discordes dans ceux qui le gouvernent. Quand il ne les prend pas au sérieux, il les chansonne, il en rit; ce sont les beaux jours. Mais dans les moments difficiles, la question change de face. La colère du peuple devient ouragan, et emporte tout. Malheureusement, il ne sait pas fonder, il est ramené en arrière.

Les classes élevées se refusant à faire la révolution par la loi, par les réformes successives, reste au peuple à faire le cataclysme. Qu'a-t-il à perdre? Il n'a pas l'idée juridique de la société actuelle. Il a rêvé, lui, simple, un idéal de justice sociale comme n'en a jamais conçu la basoche cléricale et bourgeoise. Quel rôle a-t-il dans votre société? Il travaille, il combat, il se fait tuer pour vous. Sans lui, que feriez-vous de vos biens, de vos arts, de votre pouvoir? Il en a sa part, dites-vous; non, il en a seulement les charges. Il veut bien travailler, creuser des sillons, faire voguer vos vaisseaux sur les mers, faire rouler vos machines sur les chemins de fer, et vos voitures sur les pavés des rues, mais il veut de vous autre chose que des sermons, des prisons, et un morceau de pain. Pour lui, la science doit accompagner la moralité, et la justice, c'est le labeur pour tous. Le bien-être oisif a trop déprimé les caractères. La guerre que vous n'avez su ni prévoir ni faire; la révolution ou la réforme que vous ne savez diriger, tout cela ne vous indique-t-il pas que vous avez perdu le bon chemin? Il est temps d'y revenir. Autrement ce qui vient de se passer n'est qu'un épisode qui pourra se renouveler.

§ 5.

LES POSSIBILITÉS, OU LES RÉFORMES.

Celui qui a son bien-être assuré se soucie peu de réformes, il n'en a pas besoin. Tels nous a mis moralement un gouvernement sans souci de l'avenir. Ceux qui possédaient se sont payé tous les luxes possibles, jusqu'à la corruption et au dévergondage, jusqu'à la privation du sens moral. Ils ont recommandé aux autres l'épargne, la privation, et par-dessus la soumission. Cela rendait la rue tranquille, mais non sans scandale pour les bonnes mœurs.

Ce n'est pas une solution.

Que le peuple, j'entends celui des villes et des manufactures, le seul pour lequel les réformes sont urgentes, que ce peuple, dis-je, prolétaire, travailleur, possède de nombreux défauts, je le sais. Qu'il soit souvent peu honnête, imprévoyant, envieux, frivole, tout cela est vrai, et, en cela, il ressemble à la plupart de ses maîtres. Mais dans cette immense tourbe, combien d'intelligences pour lesquelles il faudrait très-peu de culture, combien de cœurs d'or, combien de bonne volonté pour le bien !

Devant ce problème des réformes, une question est à faire. Le prolétariat peut-il s'affranchir par lui-même, ou ne peut-il acquérir son indépendance, sa dignité, la propriété que par des concessions des classes dirigeantes ? Autrement, les nécessités de l'industrie peuvent-elles s'accommoder avec les exigences du prolétariat ?

D'abord, quels sont les obstacles? Les obstacles ne sont pas des choses, ce sont des personnes, des traditions, des partis. L'homme qui fait ses institutions peut les défaire ou les changer. Arguer de l'existence d'une institution pour s'opposer à une réforme, c'est une mauvaise volonté.

1° Le clergé? Devant les problèmes sociaux, le clergé déclare n'être pas de ce monde. Pour se tirer d'embarras, il recommande aux pauvres la soumission, la pénitence, et aux riches l'aumône.

Passons.

Pourtant, une observation.

Ici, la seule réforme possible, c'est la séparation de l'Église et de l'État. En vertu d'un espoir au retour d'un état théocratique, le clergé s'y refuse. D'un autre côté, le pouvoir temporel ou politique n'est pas assez novateur et hardi : il lui semble que son clergé lui est nécessaire. Dans le clergé, cette séparation a des partisans. Indépendant du pouvoir, le clergé aurait plus de force morale ; moins riche, il acquerrait le respect, peut-être réformerait sa trop rigide discipline. En tout cas, par ses doctrines de mortification, il ne pourrait plus entraver le mouvement économique et scientifique.

2° Le royalisme ou la légitimité? Ceux-ci sont de ce monde. Mais ce monde ne peut être favorable pour tous. Il faut des riches et des pauvres. Ceux-ci sont les domestiques des autres. La société doit être hiérarchisée : c'est une suite de dépendances, de sujétions. L'individualité n'a rien à réclamer à l'ordre social ; il faut qu'elle se soumette.

Passons encore.

Avant, exprimons un regret.

Si l'ancienne noblesse, avec l'honnêteté individuelle qui la caractérise, avec la richesse qu'elle possède, avec son instruction qui lui donne l'influence sur les campagnes, voulait fonder la république, et témoigner quelque bonne volonté en faveur des réformes économiques, dans dix ans nous aurions un ordre de choses stable, où personne n'aurait perdu, où tous auraient gagné. Nous pourrions aussi refaire notre France mutilée. Mais ne voulant pas cela, elle peut perdre la France et se perdre elle-même.

3° La bourgeoisie? Ici nous sommes avec d'autres hommes. La bourgeoisie, formée de tous ceux qui possèdent, n'exclut personne. Acquérez et entrez. Mais le moyen d'acquérir, s'il vous plaît? La bourgeoisie est divisée elle-même à propos des réformes, sur leur nécessité, leur opportunité. Pendant les débats, il y a des souffrances. Restreindre ou étendre l'accessibilité à la propriété, c'est le problème. La bourgeoisie a tout ce qu'il faut pour résoudre les questions sociales. Elle était peuple hier; beaucoup des siens par leurs penchants, leurs affections, leur éducation, et malgré la fortune, sont peuple encore. Elle pénètre donc jusqu'aux extrêmes cette couche profonde. Qu'elle ait du bon vouloir, des ménagements, elle adoucira d'abord les maux, elle satisfera les premières exigences.

Notre société est donc ainsi composée : un clergé, reconnaissant un roi étranger, voulant ses priviléges, et, pour atteindre ce but, entravant la marche scientifique et économique de la société ; une noblesse traditionnelle, avec ses préjugés, hostile aux aspirations populaires, prétendant revenir au vieil état de choses ;

une bourgeoisie recherchant uniquement le bien-être, admettant en théorie tous les principes, mais sans vues d'avenir, laissant aller les choses, faisant les répressions et non les réformes ; un peuple aux vues divergentes, ne sachant s'instruire lui-même, l'esprit faussé au spectacle des divisions des classes élevées, ne sachant formuler un programme, mais, comme pour faire ressouvenir les classes élevées de sa présence ici-bas, renversant à chaque instant le pouvoir créé en dehors de lui, ou contre lui.

Comment concilier toutes ces prétentions ? Sur quelle idée commune, admise de tous, comprise de tous, peut-on fonder et assurer l'avenir ?

Les réformes économiques ? La noblesse et le clergé ne veulent pas étudier ces questions. La bourgeoisie ne se soucie pas d'appliquer une autre distribution du travail, du salaire et des charges publiques : cela romprait son équilibre.

Les réformes politiques ? La forme de gouvernement qui plairait le plus au peuple des villes, la république, est repoussée par la majorité rurale, qui voit là, bien à tort, l'occasion de troubles continuels et le manque de stabilité. Pourtant c'est la seule possible, si l'on ne veut une nouvelle révolution.

La décentralisation gouvernementale ? On ne la fera que timidement. La province apprendrait à se gouverner ; la vie politique y deviendrait active ; les administrateurs se formeraient. Il y aurait de l'économie dans les dépenses, et toute restauration monarchique deviendrait impossible.

Les réformes judiciaires ? Nous n'avons pas encore l'instruction suffisante pour appliquer le jury à tous les degrés de juridiction, et, par là, diminuer la besogne des magistrats et des officiers ministériels.

Les associations ouvrières de production et d'échange? Voudra-t-on les tenter ? Ce serait le moyen d'initier le peuple à la pratique de la vie commerciale et industrielle dont il ne saisit et ne comprend pas tout le mécanisme. Dans un intérêt général, on a aidé et subventionné des industries. Pourquoi ne ferait-on pas la même chose pour l'émancipation des travailleurs ? Lorsqu'ils sentiraient leurs sociétés coopératives de travail, d'échange, de crédit, soutenues, encouragées, ils ne douteraient plus du bon vouloir de ceux qui les gouvernent. Ils apprendraient à devenir stables, prévoyants, moraux. Ils ne seraient plus des ennemis, ils seraient ralliés.

Resterait une seule et capitale question, celle de l'enseignement.

Tous les individus honnêtes, consciencieux et de bonne foi comprennent par où pèchent toutes nos visées. C'est par notre fausse éducation. Histoire, morale, science, et application scientifique, tout cela est faussé en nous; personne n'ose proclamer la dangereuse vérité. Nous vivons sur un mythe religieux, sur une fiction sociale.

Pour décrasser l'ignorance des campagnes et rectifier la sottise des villes, il faut adopter un autre programme d'enseignement.

Il faut savoir, pouvoir et vouloir notre amendement intellectuel.

Je resterai dans le terre à terre du possible, évitant toute haute considération.

Au programme que je vais tracer et esquisser, on peut faire des amendements.

L'instruction primaire doit être laïque, gratuite et obligatoire.

Il n'y a pas lieu à bouleverser les écoles existantes, générales ou spéciales. On peut, il faut même les conserver toutes. Ce que je propose, c'est l'agrandissement du cadre d'enseignement. C'est la création d'un *enseignement intermédiaire* ayant une utilité générale. Il peut servir de prélude à toutes les écoles spéciales, de même qu'il est indispensable à tout homme qui, dans la société, veut être un citoyen instruit.

Il faut d'abord préparer les matériaux nécessaires à l'enseignement, qui consistent en : bibliothèque communale, tableaux de lecture, d'écriture, cartes géographiques et sphère.

Dans tout chef-lieu de canton, il faudrait quelques instruments de physique, des collections d'histoire naturelle, quelques échantillons de produits chimiques et minéralogiques, des tableaux scientifiques.

Cette première dépense serait faite partie par l'État, partie par les communes du canton ou le département. Beaucoup de dons particuliers viendraient en aide à cette première installation.

Pendant ce temps, les écoles normales formeraient et compléteraient le personnel d'enseignement.

Non-seulement il faut au professeur, mais aussi au maître d'école, plus de savoir qu'il n'en doit enseigner. Il faut que cette carrière soit mieux rémunérée pour attirer les sujets capables, et qu'elle donne droit à une pension de retraite. Les mutations de commune à commune devraient être rares et très-motivées. Une famille se créée, dans un village, une destinée, des affections, des habitudes.

Les élèves des écoles normales, futurs professeurs et maîtres d'école, feraient, en dehors des études réglementaires, et pour eux, des abrégés d'ouvrages historiques, scientifiques, littéraires. Ces cahiers, contrôlés, examinés et annotés par ces professeurs, leur serviraient de matériaux d'enseignement. Il ne faudrait pas tenir à ce que ces résumés eussent une forme didactique rigoureuse, mais à ce qu'ils présentassent une idée bien succincte du fond, et un jugement bon et rationnel sur le fond et la forme. Plus tard, dans leurs fonctions de professeurs, les maîtres d'école pourraient par eux-mêmes se rendre un compte suffisamment exact des livres qui seraient dans leurs mains. C'est peu de lire un livre, il faut savoir le comprendre, l'analyser, en tirer une substance fortifiante pour l'esprit. Sachant faire ce travail pour eux, ils serviraient de guide à leurs élèves déjà grands pour la lecture des ouvrages. Nombre de livres n'entrent pas dans l'enseignement classique ou scolaire, mais aident puissamment l'élève à se former. Ils ouvrent un horizon aux idées ; ils apprennent à penser. Les enfants sauraient ainsi lire et apprécier les ouvrages sérieux. La nouvelle génération perdrait le goût de ces frivoles lectures qui ont tant faussé nos idées.

L'instruction primaire doit avoir lieu de six à quatorze ans. La première section des classes, pouvant être subdivisée, doit être consacrée à la lecture, l'écriture, la grammaire, les éléments d'arithmétique. Dans la seconde section, de douze à quatorze ans, il faut donner les éléments des sciences physiques et naturelles. Ces sciences sont très-saisissables pour les enfants. Elles offrent pour eux beaucoup d'attraits; elles excitent leur curiosité; elles leur donnent la satisfaction de comprendre une foule de phénomènes qu'ils ont chaque jour sous les yeux. Il faut ajouter le système des poids et mesures, la géométrie usuelle, quelques notions de musique et de chant, la morale, la géographie apprise sur des cartes et sur la sphère, et l'histoire nationale.

On pourrait joindre quelques indices sur les classifications scientifiques, indiquer en quelques traits comment toutes les sciences se soudent, s'utilisent, quelquefois sont nécessaires l'une à l'autre.

Aux exercices de l'esprit, il faudrait joindre ceux du corps.

En supposant que l'instituteur primaire ne fût pas à même de faire cet enseignement complet, ne pourrait-il pas y avoir, par canton, deux ou trois professeurs d'un degré plus élevé dans la hiérarchie enseignante, et ayant pour spécialités quelques-unes des matières qui forment la deuxième section de l'instruction primaire? Ils iraient successivement, deux ou trois fois par an, dans chaque commune ou école, faire un cours, pendant quinze jours, sur ces matières. Les enfants de douze à quatorze ans seraient tenus de les suivre. Il s'y joindrait, bien sûrement, nombre d'enfants plus âgés et même des adultes.

Dans d'autres cas, les enfants iraient au chef-lieu de canton pour suivre des cours élémentaires de chimie, physique, etc. Quelques leçons suffiraient pour leur faire saisir le but et l'utilité de ces sciences.

L'instruction primaire, étant gratuite et obligatoire, aurait pour sanction certaines pénalités. Pour les parents ce serait l'amende (le prix en serait consacré à l'achat de choses utiles à l'école), quelquefois la prison, ou la privation de droits politiques pour un temps. Pour l'enfant complétement illettré, il n'y aurait pas de droits politiques.

Au sortir des écoles primaires, il y aurait un concours et un examen sérieux pour juger les capacités et les aptitudes. Le concours se ferait au chef-lieu du canton. Il serait présidé par un inspecteur académique aidé de quelques professeurs des écoles supérieures. Les plus capables seraient envoyés gratuitement dans les écoles professionnelles, dans les lycées, ou dans l'école intermédiaire.

Le nombre pourrait être d'environ dix pour cent. De la sorte les bienfaits de l'instruction seraient bien placés. Il est inutile de dire que les parents aisés, voulant ou pouvant payer pension, seraient libres d'y envoyer leurs enfants. Tous seraient traités également.

Les lycées, tels qu'ils sont, auraient surtout pour but de pousser les études littéraires et philosophiques. Les enfants ne pourraient y entrer qu'à la sortie des écoles primaires. Avec des enfants instruits, les classes latines et grecques gagneraient. Il faudrait moins de temps pour rompre l'intelligence de l'enfant sur un texte. Ces classes, sans perdre en solidité, emploieraient moins de temps. Il faudrait dans les lycées un cours de droit élémentaire, marchant de pair avec la philosophie. Les deux sciences, ayant trait à l'intelligence et au jugement des actes, s'aident et font mieux comprendre l'histoire. Les lycées, ayant en vue surtout les lettres, toucheraient fort peu aux sciences abstraites, mathématiques et physiques.

Les écoles spéciales et professionnelles resteraient comme elles sont. Seulement, à toutes, il faut adjoindre des cours d'histoire, de géographie, de législation nationale et de littérature.

Les jeunes gens ne doivent pas avoir seulement des notions techniques. L'intelligence serait trop froide, trop positive ; le sens moral deviendrait exclusivement utilitaire. Dans nos têtes, il ne faut pas seulement des chiffres et des machines, il y faut aussi des idées, des sentiments et du jugement.

Le but du concours, au sortir des écoles primaires, ne serait point d'extraire des sujets seulement pour une spécialité, mais pour les embrasser toutes.

L'école à fonder, que j'appellerai *intermédiaire,* aurait pour fonction de donner à l'élève toutes les connaissances que doit posséder un homme social, civilisé, un vrai citoyen. C'est dans le parcours de cet enseignement que se détermineraient les aptitudes littéraires, scientifiques et d'application.

Quinze à vingt écoles suffiraient pour la France. En y comprenant les pensionnaires payants, elles auraient environ dix mille élèves.

Placées près d'une grande ville, offrant toutes les ressources, il faudrait à ces écoles une nombreuse bibliothèque, un jardin botanique, des collections scientifiques, une machine à vapeur en fonction. Peu à peu, chacune d'elles, par ses acquisitions ou dons, arriverait à avoir l'importance du Muséum de Paris.

Les langues étrangères les plus usuelles y seraient enseignées. On y apprendrait aussi la gymnastique et le maniement des armes.

Les élèves auraient de quatorze à dix-sept ans, et le programme serait de trois années.

Dans la première année, les cours seraient semblables pour tous. Mathématiques, histoire naturelle, physique et chimie, architecture et dessin, notions de musique.

Dans la seconde année, il s'opérerait une bifurcation scientifique pour classer les spécialités en vue de l'application future.

L'industrie, le commerce, l'art, l'agriculture, l'administration, auraient là de bons sujets. Ces écoles, placées dans diverses régions, s'inspireraient, pour leur programme, des nécessités de la région même, agricole, industrielle, commerciale, maritime, etc.

En dehors des spécialités cultivées pour chacun, il y aurait pour tous, et pendant trois ans, des cours de littérature, d'histoire, de géographie, de droit civil et de droit constitutionnel comparé, de législation et d'économie politique.

Tout cela est actuel et nécessaire.

Au sortir de nos écoles, comme elles sont, nous tombons dans un monde inconnu. Rien, dans l'enseignement, ne nous l'a fait pressentir. Si nous voyageons, nous avons tout à apprendre chez les peuples que nous voyons. Ne vaudrait-il pas mieux avoir une instruction préalable, suffisante, de sorte que, entrant dans le monde, nous n'aurions plus qu'à contrôler, à comparer ; nous ne paraîtrions pas si neufs, je dirais presque si novices et si ridicules. Dans ces conditions, un simple voyageur de commerce nous apporterait d'utiles renseignements. A peine aurions-nous besoin de missions scientifiques si coûteuses, souvent si improductives au point de vue de la science.

Cet enseignement ne serait donc pas seulement utilitaire et positif; il formerait la raison, le jugement, le sens moral et littéraire.

Comme complément à nos institutions, je voudrais aussi qu'il fût créé un établissement, ou plutôt une profession toute spéciale.

Je l'appellerais : Direction des traductions.

Nombre d'ouvrages importants sur l'histoire, les sciences, les lettres, les arts, existent chez d'autres peuples. A peine le titre nous en est-il connu. Traduire est souvent une œuvre ingrate. Cela donne rarement lieu à une récompense académique, à un acheminement vers une position. Ce genre de travail doit être encouragé, bien payé, et doit ressortir d'une administration spéciale. De la sorte, nous serions moins ignorants sur les autres peuples.

Avec cet enseignement, vous faites des hommes qui savent ce qu'ils sont dans la société, qui connaissent et comprennent leurs droits et leurs devoirs, et qui, sachant respecter les positions acquises, ne réclament des droits et des réformes qu'au nom de la justice, et en s'appuyant sur la raison et la science.

Ces hommes-là, tout pouvoir sera obligé de les écouter, et, en vingt ans, vous aurez une France renouvelée.

On me dira : Tout ceci, c'est pour quelques-uns. Voici ma réponse.

A vingt ans, tous sont soldats.

En dehors du temps nécessaire aux exercices militaires, il reste de longues heures. Au lieu d'occuper le soldat à de stériles factions, à l'ennui du corps de garde, à la stupide vie de caserne, des cours d'histoire, de droit, d'économie politique, etc., leur seraient faits par des officiers instruits. Quel beau rôle pour eux ! Combien en seraient fiers et heureux ! l'officier formant le citoyen, lui donnant l'instruction ! La discipline y gagnerait en moralité. Le soldat aurait pour cet officier, non-seulement l'obéissance, mais la vénération et la reconnaissance. Car, à vingt ans, on sent le prix de la vraie instruction.

De la sorte, toute la nation serait instruite, et, avec des hommes instruits, raisonnables, vous pourriez diminuer le nombre et l'étendue de vos prisons, et vos institutions de répression. Avec la stabilité, non exempte de réformes, vous n'auriez plus ces secousses violentes qui ruinent ou endettent la nation.

Ce ne serait plus la trêve, mais la paix perpétuelle.

La France est une fournaise ardente où se débattent toutes les idées, toutes les théories jeunes ou vieilles.

Pendant ce temps, nous négligeons la bonne conduite de nos affaires vis-à-vis des autres peuples. On nous juge durement, on ne nous respecte plus. Quoiqu'il y ait beaucoup de ressources, de vitalité dans le caractère national, nous faisons peu au regard de ce que nous pouvons. Si, dans l'espace de quelques années, les vieux partis n'abdiquent pas leurs prétentions surannées ; s'il y a, dans chacun d'eux, une opiniâtreté qui ne recule devant rien pour satisfaire ses visées, ses cupidités, c'est qu'alors la France aura perdu le sens politique. Nous nous émietterons comme nation, lorsque nos voisins se fortifient, et nous deviendrons ce que sont devenus ceux qui ont laissé choir leur civilisation.

C. BLONDEAUX.

14 Juillet 1871.

Saint-Germain. — Imprimerie L. TOINON et Cie.

www.ingramcontent.com/pod-product-compliance
Ingram Content Group UK Ltd.
Pitfield, Milton Keynes, MK11 3LW, UK
UKHW021023200726
13857UKWH00004B/1550